„Gartenfreude und Landschaftserlebnis gehören eng zusammen."

„Im Gartenleben unserer Tage geht der Mensch, der wildschweifende, eine neue abenteuerliche Ehe mit der Natur ein."

Karl Foerster

Dieter Schmidt

Herbarium-Wildpflanzen und ihre Gartenkulturen

Wildarten, Kulturarten und Sorten

BoD – Books on Demand, Norderstedt

Bibliografische Information der Deutschen Nationalbibliothek:
Die Deutsche Nationalbibliothek verzeichnet diese Publikation
in der Deutschen Nationalbibliografie; detaillierte bibliografische
Daten sind im Internet über http.//dnb.dnb.de abrufbar.

Herstellung und Verlag:
BoD © Books on Demand, Norderstedt

Bildnachweis:
Titelfoto: Deutscher Ginster (*Genista germanica*), Herbarblatt-Kopie
Die Abbildungen der Pflanzen am Naturstandort, in Botanischen Gärten oder in Gärten und der Garten-
pflanzen auf den Seiten der Pflanzenportraits sind, falls kein Autor angegeben ist, ebenfalls Aufnahmen des
Verfassers.
Die Fotos auf den Seiten 9 unten links, 25 Mitte rechts, 51 oben rechts und 95 oben rechts stammen aus
Wikimedia Commons CC-SA 3.0 bzw. 4.0 unter Angabe des Autors. Drei weitere Fotos sind von Privat unter
Angabe der Autorin Katharina Kuhlmey, Erfurt.

Die vom Autor fotokopierten Herbarblätter stammen aus dem Herbarium des Verfassers.
Die auf den Herbarblättern eingefügten Pflanzenzeichnungen sind gemeinfrei und sind aus den am Ende
des Literaturverzeichnisses genannten Quellen entnommen.

ISBN: 978-3-7460-3011-1

Inhaltsverzeichnis

Vorwort

Von Kindheit an beschäftigten sich mein Bruder und ich mit der Natur und in der Natur. Häufig wurden Wanderungen und Ausflüge unternommen, von zu Hause aus und später in die weitere heimatliche Umgebung. Unsere Eltern vermittelten uns behutsam die Dinge und Geschehnisse in der Natur. Auch mit Freunden waren wir immer unterwegs, vor allem im Sommer, häufig auch im Winter mit Skiern im Thüringer Wald.
Besonders interessierten uns die nahen Wälder und die Flussaue mit ihren Feuchtwiesen, Teichen und Tümpeln. Dabei entwickelten sich zunehmend unsere Kenntnisse und das Verständnis für die Natur. Mein Bruder begeisterte sich für die Tierwelt, ich mich stärker für die Botanik.

Nach dem Studium der Landschaftsplanung schloss ich mich Exkursionen der Thüringischen Botanischen Gesellschaft an, unternahm botanische Streifzüge, auch mit anderen Interessenten und Botanikern und beteiligte mich an der landesweiten Pflanzenkartierung. In den Jahren ab 1972 bis 1981 gesammelte Pflanzen wurden zu einem Herbarium zusammengestellt. Als Fundorte der hier ausgewählten 45 Pflanzen sind 22 Orte in den östlichen Bundesländern Deutschlands genannt.
Integriert in meine Pflanzensammlung sind auch einige Arten des in den der 60ger Jahren verstorbenen Herrn Walter Weiß aus früheren Jahren. Diese hatte er mir vermacht, weil er sie selbst nicht mehr verarbeiten wollte und, eigentlich in einem technischen Beruf tätig, bereits riesige Sammlungen von Pflanzen und anderen Naturobjekten zusammengetragen hatte.

Seit dem Anlegen des Herbariums sind mittlerweile bis zu 47 Jahren vergangen. Ich dachte darüber nach, was damit werden soll. Mir ist bewusst, dass heutzutage wohl kaum noch jemand Pflanzen für ein Herbarium sammelt, mal abgesehen von außergewöhnlichen wissenschaftlichen Forschungsabsichten. Deshalb dürfte es auch keinen Sinn machen, meine gepressten Pflanzen Jemandem oder einer Einrichtung, welcher Art auch immer, zur weiteren Aufbewahrung anbieten zu wollen. Deshalb entstand die Idee zu diesem Buch, mit dem ausgewählte Pflanzen des Herbariums und ihre heutigen Zuchtformen und verwandte Arten und Sorten zur Verwendung im Garten gezeigt werden.

Zu zwei der hier ausgewählten Arten ein Hinweis. Vom damals zuständigen Institut für Landschaftsforschung und Naturschutz wurde die naturschutzrechtliche Ausnahmegenehmigung eingeholt, einige seltenere und besonders geschützte Pflanzen oder ihrer Teile aus der Natur entnehmen zu dürfen. Das betraf zum Beispiel *Arnica montana* und *Sedum villosum.* Mit dem Pflanzenmaterial wurden Wuchsformanalysen, verbunden mit Untersuchungen zu ihrer Entwicklung unter dem Einfluss verschiedener Bewirtschaftung ihrer natürlichen Standorte vorgenommen und um gezielte Pflegemaßnahmen zu ihrer Erhaltung zu entwickeln.

Die Textseiten beginnen mit dem wissenschaftlichen Artnamen mit dem wie üblich abgekürzten Autorennamen und dem allgemein bekannten deutschen Namen der Pflanzen. Es folgen Angaben zu den wichtigsten standörtlichen Ansprüchen der Art, der Familienzugehörigkeit und ein Foto vom Naturstandort, aus privaten oder Botanischen Gärten. Dann wird auf die gärtnerische Verwendung der Art, ihrer Zuchtformen, verwandter Arten und ihrer Sorten eingegangen; es werden Beispiele genannt und mit Fotos gezeigt.

In die fotokopierten Herbarblätter, Original im Format A3, sind historische gemeinfreie Zeichnungen der Arten eingebettet und in vielen wurden neue Etiketten digital eingefügt, wenn die originale teilweise Beschriftung mit Bleistift nur noch schlecht zu erkennen war. Darin bedeutet das Lateinische „leg. et det." gesammelt und bestimmt.

Mit diesem Buch wird dem Gartenfreund die Herkunft seiner Gartenpflanzen aus ihren Wildformen aufgezeigt und zudem verwandtschaftliche Beziehungen zu anderen Gewächsen vermittelt. Ein bisher mehr botanisch Interessierter erfährt, wenn aus natürlich vorkommenden Pflanzen durch Züchterarbeit die Schönheiten für seinen Garten entstanden sind. Der Gartenfreund lernt die ursprünglichen Wildpflanzen kennen. Einige Beispiele zeigen aber auch die Gartentauglichkeit von Wildpflanzen.

Dieter Schmidt, Suhl,
im Sommer 2019

Achillea ptarmica L.
Bergwiese b. Bermbach
(Thür. Wald)
leg. et det. Dieter Schmidt
6.8.1974

Achillea ptarmica L.
Sumpf-Schafgarbe

Die Sumpf-Schafgarbe gedeiht auf staunassen, kalkarmen Feucht- und Moorwiesen, an Gräben, auch an Wegrändern und ist dort häufig zu finden. Sie gehört in die Pflanzenfamilie der Korbblütengewächse (*Asteraceae*).

Achillea ptarmica

Der Gattungsname *Achillea* soll sich von dem griechischen Helden Achilles ableiten, welcher der Legende nach mit Hilfe dieser Pflanze seine Wunden behandelt habe. Die Sumpf-Schafgarbe wird auch gärtnerisch verwendet. Es gibt von ihr Sorten, z. B. ´The Pearl´, kleiner bleibend, aber mit größeren Einzelblüten. Die deutlich häufigere Schafgarbenart ist die Gewöhnliche Schafgarbe (*Achillea millefolium*), die im Unterschied zur Sumpf-Schafgarbe auf trockenen Standorten vorkommt. Sie ist als alte Heilpflanze bekannt. Es gibt von ihr auch einige sehr schöne Zuchtsorten, etwa ´Terracotta´ und ´Lilac Beauty´.

Andere nicht heimische Schafgarben sind u.a. die Goldquirl-Garbe *A. clypeolata* vom Balkan, die Gold-Garbe *A. filipendulina* aus dem Kaukasus und Mittelasien und die besonders niedrig wachsende Silber-Garbe *A. umbellata* aus Griechenland. Alle Schafgarben bilden mehr oder weniger stark Ausläufer, wodurch sie sich abhängig vom zusagenden Standort flächig ausbreiten.

Achillea filipendulina ´Coronation Gold´

Achillea clypeolata ´Schwellenburg´

Achillea millefolium ´Paprika´, Foto: David Strong

Achillea umbellata

Alchemilla glabra NEYG. s. str.

Bergwiese b. Bermbach (Thüringer Wald)
leg. et det. Dieter Schmidt 15.6.1974

Alchemilla vulgaris L.
Gemeiner Frauenmantel

Der Gemeine Frauenmantel gehört zur Familie der Rosengewächse (*Rosaceae*), ist eine häufige Pflanze nährstoffreicher Wiesen und Weiden, lichter Wälder und Gebüsche. *Alchemilla vulgaris* ist eine Sammelart, weil zu ihr viele Unterarten gehören, die nur Botaniker oder versierte Laien auseinander halten können. Das Herbarblatt wurde als die Unterart Kahler Frauenmantel (*Alchemilla glabra*) bestimmt.

Alchemilla vulgaris

Seinen Namen soll der Frauenmantel von der Form der Blätter haben, die wie ein gefalteter Mantel aus älteren Zeiten aussehen könnten. Sie sind kahl bis zu stark behaart. Die von Mai bis September blühende Pflanze kann auf guten Standorten bis über 30 cm hoch werden. Als viele Jahre wachsende Staude überdauert sie mit einer schräg in den Boden verlaufenden verholzenden Wurzel.

Der Frauenmantel ist eine Heilpflanze, wird aber heutzutage nur noch wenig als solche angewendet. Ihr Gerbstoffgehalt hilft bei Magen- und Darmerkrankungen (Durchfall und Blähungen). Äußerlich wurde sie bei schlecht heilenden Wunden und als Badezusatz verwendet.
Im Naturgarten können *A. vulgaris* wie auch *A. xanthochlora* als weitere heimische Art geduldet werden, wo sie sich gerne von selbst ansiedeln. Im Staudengarten wird vor allem der Weiche Frauenmantel (*Alchemilla mollis*) aus osteuropäischen Gebirgen verwendet, der deutlich höher wird und kräftigere gelbgrüne Blütenbüschel besitzt. Die kleinere Form davon ist *Alchemilla epipsila.* Der aus den Alpen stammende Hoppe-Frauenmantel (*Alchemilla hoppeana*) hat vollständig geteilte glänzende Blätter und eine weißfilzige Blattunterseite.

Alchemilla hoppeana

Alchemilla epipsila

Herbarium Dieter Schmidt

Allium montanum F.W.SCHMIDT

Liliaceae

Eberswalde, Pimpinellenberg

17.6.72

Allium lusitanicum LAM.
Berg-Lauch

Der Berg-Lauch wächst auf kalkhaltigen Trocken- und Halbtrockenrasen in den kontinental oder submediterran geprägten Gebieten Ost- und Süddeutschlands. Die Herbarpflanze stammt aus einem Trockenrasen in Brandenburg. Der Berg-Lauch ist verwandt mit den bekannten Gewürz- und Gemüsepflanzen Porree, Zwiebel, Knoblauch und Schnittlauch. Alle gehören zu den Liliengewächsen (*Liliaceae*).

Allium lusitanicum

Die wissenschaftliche Einordnung und Namensgebung des Berg-Lauchs ist eines der vielen Beispiele für die mehrfache wissenschaftliche Umbenennung von Pflanzen. Der auf dem Herbarblatt gezeigte Berg-Lauch wurde von F. W. SCHMIDT als *Allium montanum* benannt und das gezeigte Exemplar mit diesem in den 1970ger Jahren gültigen wissenschaftlichen Namen bestimmt. Es stellte sich aber heraus, dass vorher bereits C. von LINNÈ diese Art lateinisch mit *Allium senescens* benannt hatte, weswegen ihm zwischenzeitlich die Autorenschaft zukam. Danach wurde die Pflanze als Unterart *Allium senescens ssp. montanum* genannt. Nunmehr gilt nach wiederum neueren Regeln der botanischen Taxation für den Berglauch der lateinische Name *Allium lusitanicum*.

Die Gattung Lauch ist in Deutschland artenreich, wobei sie nur eng begrenzte meist trockenere Standorte besiedeln. Dazu gehören der auch in Gärten zu findende Schwarzpurpurne Lauch (*Allium atropurpureum*) und der Kugelköpfige Lauch (*Allium sphaerocephalon*). Der Bärlauch (*Allium ursinum*) dagegen ist in Edellaubholzwäldern weit verbreitet und wird auch im Garten unter Gehölzen verwendet.

Kugelköpfiger Lauch, *Allium sphaerocephalon* mit Rose ´Alte Liebe´ (A. BERGER 1974)

Blauzungen-Lauch, *A. karataviense*

Igelkolben-Lauch, *Allium schubertii*

Herbarium Dieter Schmidt

Alyssum montanum L.

Brassicaceae

Oderberg /Oder
Pimpinellenberg
17.6.72

Alyssum montanum L.
Berg-Steinkraut

Das Berg-Steinkraut ist ein Kreuzblütengewächs (Familie *Crucifereae,* auch *Brassicaceae*) und wächst auf sandigen oder kalkhaltigen Trockenrasen und in Felsfluren, wo es im Frühjahr goldgelb blüht. Der andere Familienname leitet sich von den vielen zur Familie gehörenden Kohlpflanzen ab, Gattung *Brassica*.

Zur Familie der Kreuzblütler wurden Arten gestellt, deren Blüte aus vier kreuzförmig angeordneten Kronblättern besteht und auch der Blütenkelch vierzählig ist.

In der Familie sind sehr viele weit verbreitete Kräuter vereint wie Hederich, Schaumkraut, Hirtentäschel, die auch überall als Wildkräuter in Gärten und auf Äckern auftreten. Kultivierte Arten sind u.a. der Färber-Waid, die Kohlarten, der Meerrettich und die Brunnenkresse.

Alyssum montanum

Von den vielen Gattungen und Arten dieser Familie für Gärten gehören u.a. Blaukissen, Schleifenblume und Gänsekresse. Die seltene Gämskresse wird als Liebhaberart für Steingärten angeboten. Auch von verschiedenen Kohlarten sind in jüngerer Zeit besondere Formen als Zierkohl im Handel.

Blaukissen, *Aubrieta x cultorum ´Blaumeise´*

Schleifenblume, *Iberis sempervirens*

Gämskresse, *Pritzilago alpina*

Zierkohl, *Brassica oleracea ´Attraction Pink´*

Anemone nemorosa L.
Suhl, Vessertal, 26.4.1978
leg. et det. Dieter Schmidt
Ranunculaceae

Anemone nemorosa L.
Busch-Windröschen

Das Busch-Windröschen ist eine sehr bekannte Pflanze krautreicher Laubholzwälder, Gebüsche und Bergwiesen. Es ist eine von zahlreichen Wildpflanzen und im Garten bekannter Formen aus der Familie der Hahnenfußgewächse (*Ranunculaceae*).

Aus gärtnerischer Sicht ist bemerkenswert, dass es von der Gattung Hahnenfuß (*Ranunculus*) nur vom Scharfen Hahnenfuß (*R. acris*) die gefüllt blühende Liebhabersorte ´Multiplex´ für den Teichrand im Garten gibt, wo auch der wilde Wasserhahnenfuß geeignet ist.

Seit wenigen Jahren sind aber Züchtungen des asiatischen Hahnenfußes (*Ranunculus asiaticus*, s. Seite 33) im Handel, die aus einer nicht winterharten Knolle buschige Pflanzen mit großen stark gefüllten Blüten, in verschiedenen Farben hervorbringen.

Anemone nemorosa

Sehr nahe verwandt mit dem Busch-Windröschen sind das ebenfalls im Laubwald wachsende Gelbe Windröschen (*A. ranunculoides*) und das Große Windröschen (*A. sylvestris*) auf wärmebegünstigten kalkhaltigen Standorten in Wäldern und Gebüschen. Aus Japan stammt die Herbstanemone (*Anemone hupehensis*), von der mehrere Sorten im Handel sind.

Zur Familie gehören viele weitere für den Garten geeignete Wildformen und ihre Gartensorten. Besonders zu nennen sind der aus Südeuropa stammende Winterling (*Eranthis hyemalis*), die heimische Kuhschelle (*Pulsatilla vulgaris*), das Adonisröschen (*Adonis vernalis,* s. Seite 93) und die vielen Gartenzüchtungen des Rittersporns (*Delphinium,* s. Seite 39).

Chinesische Herbst-Anemone, *Anemone hupehensis* (links)

Winterling, *Eranthis hyemalis* (unten links)
Kuhschelle, *Pulsatilla vulgaris* (unten rechts)

Anthriscus nitida L.
Gehlberg, steiniger Hügelweg
leg. Walter Weiß, 16.7.1964
det. Anthriscus sylvestris (L.)
HOFFM.
Dieter Schmidt, 7.8.1974

Anthriscus sylvestris
(L.) HOFFM.
Wiesen-Kerbel

Kerbel ist als Gewürzpflanze bekannt. Dabei handelt es sich um den Garten-Kerbel (*A. cerefolium*), der auch in der Natur vorkommt.

Der hier vorgestellte Wiesen-Kerbel kommt sehr häufig auf nährstoffreichen frischen Wiesen, an Wegrainen und in Hochstaudenfluren vor. Die Kerbel sind Doldengewächse (Familie *Apiaceae* oder *Umbellifereae*).

Die auf dem Herbarblatt zunächst als Glanzkerbel (*A. nitidus*) ausgewiesene Pflanze kommt an dem ausgewiesenen Standort im Thüringer Wald nicht vor und wurde richtigerweise als Wiesen-Kerbel nachbestimmt.

Anthriscus sylvestris

Der Kerbel wird als gestalterische Gartenpflanze nicht verwendet, gehört aber als Garten-Kerbel durchaus auf ein Gewürzpflanzenbeet.

Doldengewächse sind auffallend viele andere Gewürzkräuter wie Fenchel, Liebstöckel, Petersilie und Koriander, die Gemüsepflanzen Möhre, Pastinak und Sellerie, ferner die stark aromatisch duftende Bärwurz (*Meum athamanticum*, s. Seite 69) auf Bergwiesen sowie das mitunter in Gärten lästige Wildkraut Giersch (*Aegopodium podagraria*).

Doldenblütige Gartenpflanzen sind z.B. Züchtungen aus dem heimischen Mannstreu (*Eryngium planum*), dann als Edeldistel bezeichnet, sowie einige Gemüse- und Gewürzpflanzen wie Möhre, Pastinak, Dill, Fenchel und Liebstöckel.

Edeldistel, *Eryngium planum* ´Blaukappe´, mit Chinaschilf, *Miscanthus* ´Variegatus`

Möhre, *Daucus carota*

Anthyllis vulneraria L.
Gemeiner Wundklee
Fabaceae
leg. et det. Dieter Schmidt
Jena, FND Mönchsbergwiese
b. Göschwitz, 17.5.1973

Anthyllis vulneraria L.
Wundklee

Der Wundklee ist ein Schmetterlingsblütengewächs (*Fabaceae*). Er wächst in Trocken- und Halbtrockenrasen, trockenen Kiefernwäldern bis in hochalpine Lagen und zieht stets kalkhaltige Standorte vor.

Die Familie der Schmetterlingsblütengewächse ist weltweit die drittgrößte der Pflanzen. In ihr sind etwa 1.000 Gattungen mit insgesamt ungefähr 25.000 Arten vereint.

Anthyllis vulneraria

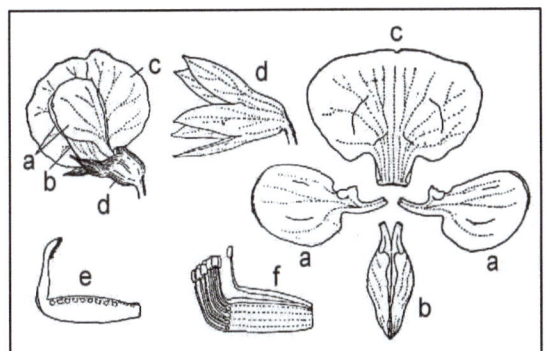

Die Familie hat ihren Namen von der charakteristischen Blütenform, bei der zwei mehr oder weniger seitlich abstehende Kronblätter, die sogenannten Flügel (a), ein oberes Kronblatt (Fahne, c) und zwei zu einem Kiel (= Schiffchen) vereinigte untere Blütenblätter (b) aus dem Blütenkelch (d) hervorgehen. Im Kiel befinden sich der Griffel und die Staubgefäße (e und f).

Abbildung aus: Strasburger - Lehrbuch der Botanik

Die Exkursionsflora von ROTHMALER weist für Deutschland 35 Gattungen dieser Familie aus. Zu ihnen gehören sehr bekannte Gattungen wie Lupinen (s. Seite 89), Ginster (s. Seite 51) die vielen Klee-, Platterbsen- und Wickenarten, die Gemüsepflanzen Bohne (s. Seite 89), Erbse und Linse sowie die bekannten Gehölze Goldregen (*Laburnum*) und Blauregen (*Wisteria*, s. Seite 51).

Goldregen, *Laburnum anagyroides*

Breitblättrige Platterbse, *Lathyrus latifolius*

Aquilegia vulgaris L.
Wald-Akelei
Ranunculaceae
Jena, Leutratal
leg. et det. Dieter Schmidt, 17.05.1973

Aquilegia vulgaris L.
Gewöhnliche Akelei

Die sehr bekannte gewöhnliche Akelei ist ein Hahnenfußgewächs (*Ranunculaceae*), mit einer ungewöhnlichen Blütenform, die von den weitaus meisten Hahnenfußgewächsen sehr deutlich abweicht. Sie besiedelt wärmeliebende Laubwälder, Gebüsche, Trockenrasen und Wiesen und bevorzugt basische Standorte.

Die Gewöhnliche Akelei hat zumeist blauviolette Blüten, seltener auch rosa oder weiß. Es ist deshalb nicht verwunderlich, dass aus ihr viele Kultursorten mit den genannten Blütenfarben bis zu dunkelblau, dunkelrot und mit mehrfarbigen Blüten, häufig auch mit weißer Innenkrone, gezüchtet wurden.

Aquilegia vulgaris

Eine weitere einheimische Art ist *Aquilegia atrata*, die Schwarzviolette Akelei, die aber nur im Alpenvorland bis zur Donau vorkommt.

Die Sortenvielfalt der Akelei wird mit Kultursorten der Langspornigen Akelei *Aquilegia caerulea*, und der Gold-Akelei *Aquilegia chrysantha*, beide aus Nordamerika, sowie der Fächer-Akelei *Aquilegia flabellata* aus Ostasien sehr umfangreich. Zudem können sich verschiedene Pflanzen der Akelei im Garten sehr bald untereinander kreuzen, wodurch innerhalb nur weniger Jahre sehr viele verschiedene Farbausprägungen entstehen.

Von den einfacheren Blüten der Gattung *Ranunculus* ebenfalls stark abweichende Blütenformen haben der Rittersporn (*Delphinium*) und der Eisenhut (*Aconitum*, s. Seite 39).

Zwei deutlich verschiedene Zufallskreuzungen von Akeleien im Garten (Mitte und rechts)

Fächer-Akelei,
Aqulegia flabellata ´Blue Angel´

Armeria maritima (MILL.) WILLD.
Plumbaginaceae
Potsdam, Sanssouci
leg. et det. D. Schmidt
1.7.1975

Armeria maritima
(MILL.) WILLD.
Gewöhnliche Grasnelke

Die Grasnelke bildet mit dem Strandflieder (*Limonium*) die einzigen zwei Gattungen der Bleiwurzgewächse (*Plumbaginaceae*). Die Grasnelke wächst auf Sandtrockenrasen, Salzwiesen, in Felsfluren und in trockeneren Wäldern.

Armeria maritima

Die Grasnelke wird in mehrere Unterarten gegliedert, alle in Deutschland relativ selten, aber die *A. maritima ssp. elongata* die am weitesten verbreitete ist. Ob es sich auf dem Herbarblatt um diese handelt, kann nicht nachgewiesen werden. Von der Grasnelke gibt es einige der Wildform ähnliche Sorten, rosarot oder dunkelrosa, karminrosa wie ´Düsseldorfer Stolz´, und die weiße ´Alba´.

Der Strandflieder *Limonium vulgare,* auch unter dem älteren Namen *Statice* bekannt, kommt in der Natur Deutschlands nur an den Küsten der Nord- und Ostsee vor. Als Gartenpflanze findet man ihn selten; eher noch den Breitblättrigen (*L. latifolium*) oder den Geflügelten Strandflieder (*L. sinuatum*), beide aus dem Mittelmeerraum. In Staudenbeeten zaubern diese Strukturpflanzen blauviolette oder je nach Sorte auch rosa, rote oder weiße Schleier und sind wie der einheimische Strandflieder getrocknet in der Blumenbinderei beliebt.

Armeria maritima ´Alba´

Strandflieder, *Limonium vulgare*
Foto: Kristian Peters

Armeria maritima ´Spendens´

Limonium sinuatum ´PACIFIC Iceberg`

Arnica montana L.
Bergwiese bei Suhl
15.6.1978
leg. et det. D. Schmidt
Asteraceae

Arnica montana L.
Arnika, Berg-Wohlverleih

Der Berg-Wohlverleih ist ein Korbblütengewächs (Familie *Asteraceae*) und die einzige Art der Gattung *Arnika* in Deutschland. Sie wächst vorwiegend auf frischen Sandmagerrasen bis wechseltrockenen Moorwiesen in Gebirgslagen.
Es ist eine besonders geschützte Art und in allen Bundesländern gefährdet, stark gefährdet oder gar vom Aussterben bedroht.

Arnica montana

Die Arnika ist eine altbekannte Heilpflanze, angeblich bereits von den Germanen genutzt, seit dem 18. Jahrhundert wissenschaftlich untersucht zur Heilung äußerlicher Entzündungen, von Wunden, Blutergüssen usw. angewendet. Zu diesem Zweck wird auch die amerikanische *Arnica chamissonis* angebaut. Beide Arten sind im Handel zur Pflanzung im Garten erhältlich. Aus der Natur darf unsere Arnika selbstverständlich nicht entnommen werden!

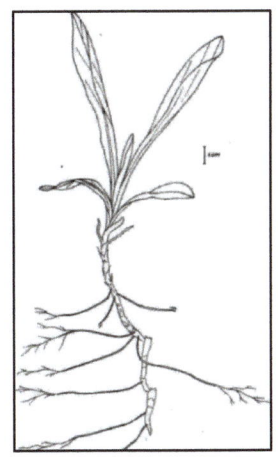

Die Arnika bildet ein flach im Boden wachsendes Rhizom, das jährlich einen Blütenspross, nach Verzweigung auch mehrere, hervorbringt (oben). Ihre natürlichen Vorkommen sind stark rückläufig, weil ihre Biotope Wiesen und Magerrasen, auf denen sie noch vorkommt, oft nicht mehr gemäht werden. Wenn dadurch das unterirdische Rhizom durch eine dichte Humusauflage stetig nach oben wachsen muss, kommt die Pflanze nicht zum Blühen (rechts; Zeichnungen des Verfassers).

Mit der Arnika verwandte Gattungen sind u.a. Berufkraut (*Erigeron*) und Alant, vor allem als Echter Alant (*Inula helenium*) bekannt, und der aus Asien stammende Riesen-Alant (*Inula magnifica*).

Berufkraut, *Erigeron x cultorum*

Zwerg-Alant, *Inula ensifolia*

Riesen-Alant, *Inula magnifica*

Artemisia absinthium L.
Hiddensee,
Salzwiese bei Kloster
leg. Walter Weiß, August 1964
det. Dieter Schmidt, 7.8.1974
Asteraceae

Artemisia absinthium L.
Wermut

Der Wermut ist ein Halbstrauch, seine Triebe verholzen teilweise, und gehört zu den Korbblütengewächsen (Familie *Asteraceae*). Er stammt aus den Salzsteppen Osteuropas und Asiens, wurde dann in Mitteleuropa kultiviert, verwilderte dadurch zu einer hier heimischen Pflanze. Seine Standorte sind bevorzugt trocken, kalk- und nährstoffreich.

Das blühende Kraut des Wermuts wird als Heilmittel in Teemischungen bei Appetitlosigkeit, Verdauungsstörungen und Blähungen verwendet. Der Wirkstoff ist das bittere Absinthin.

Artemisia absinthium

Weitere Inhaltsstoffe sind stark giftig, was durch Genuss von Absinth zu schweren Nervenschäden führte und deshalb seit langem verboten ist. Im Wermutwein dagegen sind nur ungiftige Bitterstoffe enthalten. Verwandte des Wermuts sind der Gewöhnliche Beifuß (*A. vulgaris*) und der Estragon (*A. dracunculus*) als bekannte Gewürzpflanzen.

Das Beifußblättrige Traubenkraut (*Ambrosia artemisiifolia*), auch Beifuß-Ambrosie genannt, ist seit etwa 1870 in Europa eingewandert, breitet sich stark aus und ist durch besonders starke allergene Pollen bekannt geworden. Vom amerikanischen Wermut (*A. ludoviciana*) gibt es verschiedene Sorten. Das Silbrigblättrige Heiligenkraut (*Santolina chamaecyparissus*) verleiht Pflanzungen auf trockenen, nährstoffarmen Böden mediterranes Flair. Hier gedeiht auch die heimische unter Naturschutz stehende Silberdistel (*Carlina acaulis*), wenn man sie im Handel erwirbt.

Silberdistel, *Carlina acaulis*

Amerikanischer Wermut

Heiligenkraut

DARRGRÄS, BRIZA MEDIA L.

Herbarium Dieter Schmidt

Briza media L.

Poaceae

Jena, hinter Drackendorf

28.6.72

Briza media L.
Gewöhnliches Zittergras

Das Zittergras ist ein Süßgras (Familie *Poaceae* oder *Gramineae*). Das mit 20 bis 50 cm relativ kleine Gras mit seinen nickenden herzförmigen Blütenständen wächst auf trockenen bis mäßig trockenen Rasen und Wiesen, die nicht sauer sind.

Das Zittergras ist ein schönes Gras für nährstoffarme Staudenbeete im Garten. Es bildet kleine Horste und hat mit seinen Blüten und nachfolgenden Fruchtständen eine lang anhaltende schöne Wirkung. Mit zunächst kurzen Rhizomen kann sich die Pflanze über Jahre an zusagenden Standorten kleinflächig ausbreiten.

Briza media

Von ihm wurden auch Sorten mit abweichender Blattfärbung gezüchtet, besonders bekannt ´Limouzi´. Aus dem Mittelmeerraum stammt das deutlich größere Große Zittergras (*Briza maxima*). Es ist einjährig und bringt interessante Struktur zwischen Sommerblumen.
Weitere kleinere Gartengräser sind u.a. der Blau-Schwingel (*Festuca cinerea*) ein Verwandter der zahlreichen europäischen Schwingel-Arten aus dem Mittelmeergebiet und das Kalk-Blaugras (*Sesleria varia*) von kalkhaltigen Trockenrasen, aber auch in Niedermooren vorkommend.

Blau-Schwingel,
Festuca cinerea
´Silbersee´

Kalk-Blaugras,
Sesleria caerulea

Großes Zittergras, *Briza maxima*
´Amourette

Sumpf-Dotterblume
Caltha palustris L.
Ranunculaceae
Suhl-Goldlauter, Pochwerksgrund
leg. et det. Dieter Schmidt
1.5.1975

Caltha palustris L.
Sumpf-Dotterblume

Die Sumpf-Dotterblume ist ein Hahnenfußgewächs (*Ranunculaceae*) und eine allgemein sehr bekannte Pflanze auf sumpfigen Wiesen, an Quellen, Bächen, Gräben und in nährstoffreichen Auenwäldern. Sie ist in ganz Deutschland allgemein verbreitet.

Wer im Garten über für die Sumpf-Dotterblume geeignete Feuchtstellen verfügt, sollte sie dort unbedingt anpflanzen. Eine Frage des Geschmacks sind gefüllt blühende Sorten wie ´Flore Pleno´.

Caltha palustris

Auf ähnlich feuchten bis nassen Standorten im Laubmischwald und auf frischen Wiesen gedeiht das Scharbockskraut (*Ficaria verna*). Es hat seinen Namen nach der Krankheit Skorbut, durch Mangel in Vitamin C ausgelöst und früher bei Seefahrern häufig. In Frühlingssalaten und im Frühlingsquark können die Blätter vor der Blüte der Pflanzen verwendet werden, weil dann der enthaltene Bitterstoff Protoanemonin noch gering ist. Dieser kann später gesundheitlich bedenklich werden. Es empfiehlt sich daher eine vorherige Geschmacksprobe.

Verwandte Arten sind der Brennende Wasserhahnenfuß (*Ranunculus flammula*, s. Seite 83) auf sehr feuchten Wiesen und der Gewöhnliche Wasserhahnenfuß (*R. aquatilis*) in Seen und langsam fließenden Bächen. Ihre Verwendung bleibt natürlich nur größeren Gärten mit einem Bach, Graben oder Teich vorbehalten. Gärtnerisch gebräuchlich ist neuerdings der Asiatische Hahnenfuß (*Ranunculus asiaticus*) als farbenfrohe Frühlingsblumen, ursprünglich mit einfachen Blüten, neuerdings aber vor allem als gefüllt blühende Sorten; aber leider nicht winterhart.

Scharbockskraut, *Ficaria verna*

Asiatischer Hahnenfuß, *Ranunculus asiaticus*

Campanula persicifolia L.
Campanulaceae
Ferch, Eichen-Waldrand
leg. et det. D. Schmidt
25.6.1975

Campanula persicifolia L.
Pfirsichblättrige Glockenblume

Die Glockenblumen sind die namengebende Gattung der Familie Glockenblumengewächse (*Campanulaceae*). Sie sind in Deutschland, Mitteleuropa und weltweit sehr artenreich und in der Natur wie auch im Garten sehr bekannte Pflanzen.
Die Pfirsichblättrige Glockenblume liebt kalkhaltigen Boden in relativ trockenen Laub- und Nadelmischwäldern und in Säumen von Gebüschen.

Campanula persicifolia

Von ihr gibt es u.a. die bekannten Gartensorten ´Grandiflora Coerulea´ mit blauvioletten und ´Grandiflora Alba´ mit weißen Blüten. Auch von weiteren heimischen Glockenblumen, wie der Breitblättrigen Glockenblume (*C. latifolia*), der Knäuel-Glockenblume (*C. glomerata*) und der Rundblättrigen Glockenblume (*C. rotundifolia*) werden wertvolle Gartensorten angeboten. Alle sollten sonnig bis allenfalls halbschattig stehen. Als eine von vielen fremdländischen Glockenblumen soll hier die Hängepolster-Glockenblume (*C. poscharskyana*) aus Dalmatien genannt werden, besonders geeignet sowohl im Steingarten als auch an Gartenmauern.
Eine mit den Glockenblumen verwandte Art aus dem Süden der USA ist die Lobelie (*Lobelia splendens*) mit besonders geformten scharlachroten Blüten. Sie verlangt einen warmen und relativ feuchten Standort, hat aber den Nachteil nicht sehr frosthart zu sein.

Hängepolster-Glockenblume,
Campanula poscharskyana

Breitblättrige Glockenblume,
Campanula latifolia (rechts)

Campanula persicifolia
´Grandiflora Coerulea´ (links)

Carex flava L.
Suhl, Bergwiese
leg. et det. D. Schmidt
7.6.1978
Juncaceae

Carex flava L.
Gelb-Segge

Die Gelb-Segge ist eine der äußerst artenreichen Familie der Riedgrasgewächse oder Sauergräser (*Cyperaceae*). Ihr Name verrät, dass sie in Feuchtgebieten, auf nassen Wiesen und in Mooren wachsen.

Die Gelb-Segge gehört zu den verschiedenährigen Seggen mit rein männlichen und weiblichen Blütenähren. Außerdem gibt es einährige Seggen und gleichährige Seggen.
Der wissenschaftliche Artname *Carex flava* für die Gelb-Segge ist als „*sensu strictum*" (= im engeren Sinne) zu verstehen, weil manche Taxonomen mehrere Arten als Gelb-Seggen ansehen, die untereinander sehr ähnlich sind.

Carex flava

Ob es sich bei der Herbarpflanze tatsächlich um die Gelb-Segge im engeren Sinne handelt, ist im Nachhinein nicht festzustellen, was ihrer Vorstellung aber keinen Abbruch tut.
Aus der Vielzahl heimischer Seggen werden u.a. die Frühlings-Segge (*Carex caryophyllea*), Steife Segge (*C. elata*), Blaugrüne Segge (*C. flacca*) und Vogelfuß-Segge (*C. ornithopoda*) als Arten, teilweise mit besonderen Sorten für Gärten bereitgestellt.

Aus Ostasien kommen wertvolle Seggen, weil sie anspruchslos und gut winterhart sind. Beispiele sind die Weißrandige Japan-Segge (*Carex foliosissima*) ´Icedance´ mit grünlichen Blüten und die Bunte Breitblatt-Segge (*Carex siderosticha*) als Sorte ´Variegata´ mit weiß gestreiften Blättern und rötlich schimmernden Blütenständen. Beide Arten mit ihren Sorten eignen sich besonders für halbschattige Standorte, wo sie sich mit Ausläufern flächig ausbreiten, was auch durch Teilung und Neupflanzung nach wenigen Jahren relativ schnell erreicht werden kann.

Weißrandige Japan-Segge,
Carex foliosissima ´Icedance´

Bunte Breitblatt-Segge,
Carex siderosticta ´Variegata´

Consolida regalis S. F. GRAY.
Schwellenburg b. Erfurt
Ackerrand
leg. et det. D. Schmidt, 14.9.1975
Ranunculaceae

Consolida regalis GRAY.
Feld-Rittersporn

Der Feld-Rittersporn ist eine einjährige Art der Hahnenfußgewächse (*Ranunculaceae*); er kommt als Wildkraut auf nährstoffreichen Äckern und Ruderalflächen vor.

Der Feld-Rittersporn wurde zeitweise der Gattung *Delphinium*, ebenfalls Rittersporn, zugerechnet. Die *Consolida*-Blüten besitzen einen Fruchtknoten, bei *Delphinium* sind es 3 bis 5, also eine taxonomische Feinheit.

Consolida regalis

Durch Unkrautbekämpfung wurde der Feld-Rittersporn seit Jahrzehnten sehr stark dezimiert; ist nur in Thüringen, Sachsen-Anhalt und Baden-Württemberg noch häufiger, in allen anderen Bundesländern gefährdet bis stark gefährdet. Ähnliches Schicksal erleiden weitere Acker-Wildkräuter.

Der Feld-Rittersporn spielt für die Züchtung keine Rolle, wohl aber die nunmehr eigentlichen Rittersporn-Arten mit unzähligen Sorten; vom Hohen Rittersporn (*Delphinium elatum*) aus den Alpen und südeuropäischen Gebirgen, und mit ihm *D. grandiflorum* aus Ostasien eingekreuzt ergab die *D. x belladonna*-Gruppe. Die dritte Gruppe sind Hybriden der kalifornischen *D. pacificum*, die ausschließlich durch Aussaat vermehrt werden und leider in unseren Breiten weniger langlebig sind.

Mit dem Hohen Rittersporn wachsen in den genannten Gebirgen die mit ihm verwandten Eisenhüte, z. B. der Blaue Eisenhut (*Aconitum napellus*). Rittersporn und Eisenhut, auch als Heilpflanzen bekannt, enthalten das giftige Aconitin, was beim Umgang mit ihnen zu berücksichtigen ist.

Rittersporn, *Delphinium x elatum* ´Finsteraarhorn´

Eisenhut, *Aconitum x cammarum* ´Bicolor´ (rechts außen)

Convallaria majalis L.
Liliaceae
Römhild, Gleichberggebiet
Laubwald
leg. et det. D. Schmidt 3.5.1975

Convallaria majalis L.
Maiglöckchen

Das Maiglöckchen gehört zur Familie der Mäusedorngewächse (*Ruscaceae*).
Es ist eine weit verbreitete sehr bekannte Frühlingspflanze. In der Natur wächst es in frischen bis feuchten Laubmischwäldern, Gebüschen und deren Säumen.

Convallaria majalis

Maiglöckchen überdauern im humosen Oberboden mit kriechendem segmentiertem Rhizom, aus dem im Frühjahr meist zwei Laubblätter und der Blütenstängel wachsen. Der Stängel bringt bis über zehn einseitwendige stark duftende weiße Blütenglöckchen hervor. Als Heilpflanze haben die in ihm enthaltenen Glykoside medizinische Wirkung bei Herzschwäche. Vor Selbstindikation ist jedoch deutlich zu warnen und Vergiftungen durch die gegessenen roten Beeren oder Verwechslung mit dem nur einblättrigenen Bärlauch sind leider nicht selten. Es gibt sogar Zuchtsorten mit rosa Blüten oder mit gestreiften Blättern. Sind das noch Maiglöckchen oder sollte unter lichten Sträuchern und Bäumen im Garten doch besser die reine weiße Art gepflanzt werden?

Zur gleichen Familie gehören nur noch die Schattenblume (*Maianthemum bifolium*) und die Weißwurz (*Polygonatum*). Erstere ist in der Natur oft mit dem Maiglöckchen vergesellschaftet, kann aber in Gärten nur ausnahmsweise von Bedeutung sein. Dagegen sind einige heimische und ostasiatische Arten der Weißwurz, geläufiger als Salomonsiegel bekannt auf halbschattigen Gartenplätzen eine gute Wahl. Am bekanntesten ist der Vielblütige Salomonsiegel (*P. multiflorum*).
Dagegen kann in Gesellschaft zum Maiglöckchen das zu den Primelgewächsen (*Primulaceae*) gehörende Frühlings-Alpenveilchen (*Cyclamen coum*) aus dem östlichen Mittelmeerraum empfohlen werden. Auch das ursprünglich heimische Wilde Alpenveilchen (*Cyclamen purpurascens*) ist im Garten geeignet, verlangt aber im Gegensatz zum Maiglöckchen einen basischen Boden.

Frühlings-Alpenveilchen, *Cyclamen coum*

Salomonsiegel, *Polygonatum multiflorum*

Corydalis solida (L.) CLAIRV.
Finger-Lerchensporn
Fumariaceae
leg. et det. Dieter Schmidt
24.4.1973
Hauenhof b. Immelborn

Corydalis solida (L).CLAIRV.
Finger-Lerchensporn

Von den Lerchenspornen gibt es in Deutschland vier verschiedene Arten, zu den Mohngewächsen (*Papaveraceae*) gehörend. Alle wachsen auf frischen bis feuchten und nährstoffreichen Böden in Laubwäldern und Gebüschen. Einige ursprünglich zu *Corydalis* gezählte Arten werden jetzt als eigene Gattungen geführt. Der Finger-Lerchensporn und der häufigere Hohle Lerchensporn (*Corydalis cava*) haben gärtnerisch wenig Bedeutung, werden kaum angeboten, können jedoch im Naturgartenbereich unter Bäumen und Sträuchern verwendet werden.

Corydalis solida

Corydalis cava

Bekannter dagegen ist der Gelbe Lerchensporn (*Pseudofumaria lutea*), eine der am längsten von Mai bis Oktober blühenden Stauden, der sich aber sehr gerne mit vielen Samen ausbreitet.

Die namengebende Gattung der Familie ist natürlich der Mohn (*Papaver*), dessen bekannteste Art in Deutschland der weit verbreitete Klatsch-Mohn (*Papaver rhoeas*) ist. Die in vielen Gärten beliebten Mohne sind allesamt Züchtungen aus Arten fremder Herkünfte, davon absolut überwiegend des Türkischen Mohns (*P. orientale*). Sie wollen im Garten einen besonders sonnigen Platz auf trockenem bis frischem Boden.

Pseudofumaria lutea

Papaver orientale

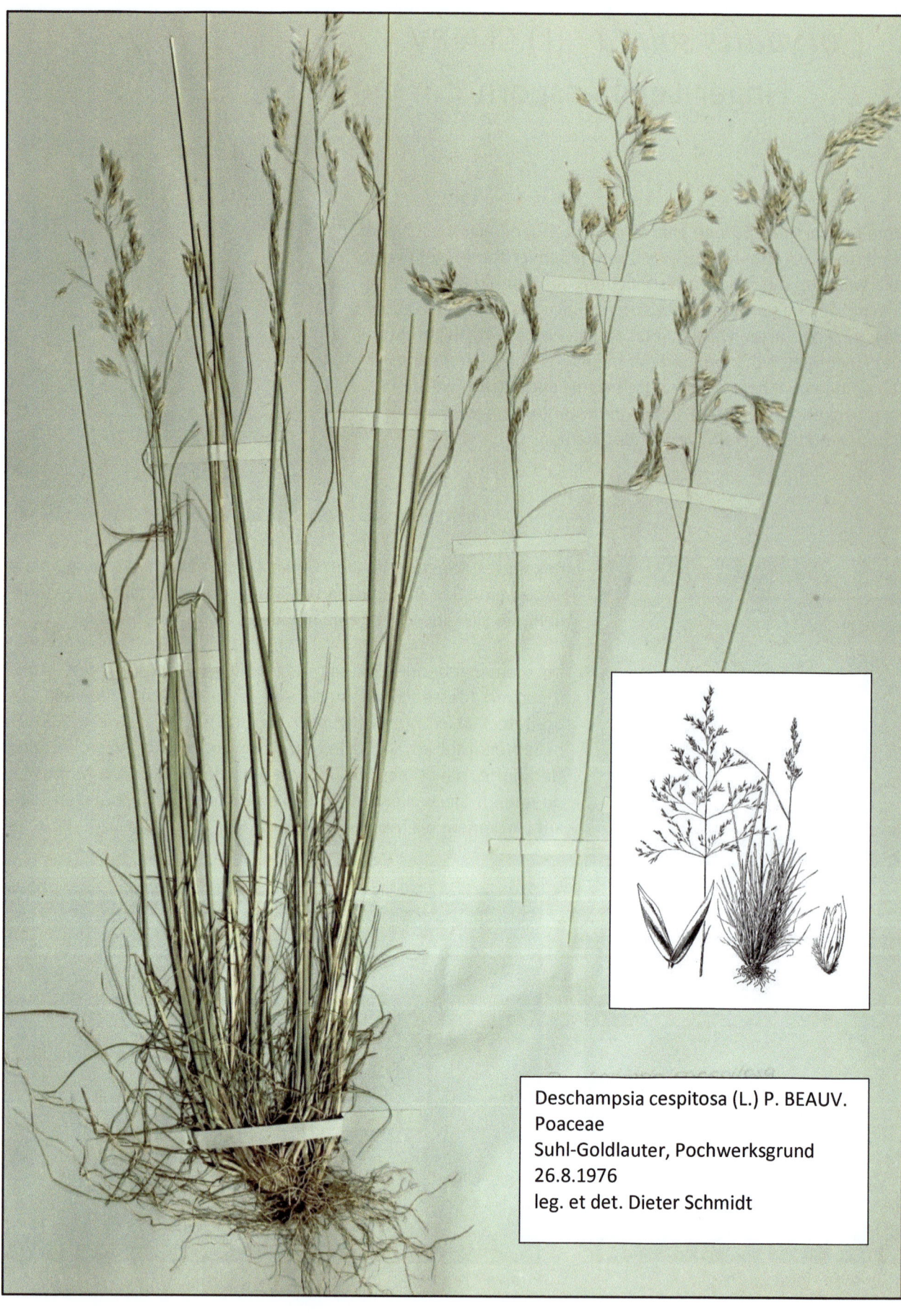

Deschampsia cespitosa (L.) P. BEAUV.
Poaceae
Suhl-Goldlauter, Pochwerksgrund
26.8.1976
leg. et det. Dieter Schmidt

Deschampsia cespitosa
(L.) P. BEAUV.
Rasen-Schmiele

Die Rasen-Schmiele ist ein im feuchten bis nassen Grasland und in feuchten Laubwäldern allgemein weit verbreitetes Süßgras (*Poaceae*), zu denen auch unsere Getreidearten Weizen, Gerste, Roggen und Hafer gehören.

Von der Rasen-Schmiele wurden durch gärtnerische Züchtung einige wertvolle Gartensorten hervorgebracht wie ´Goldschleier´. Auch die verwandte Draht-Schmiele (*Avenella flexuosa*) ist als reine Art im Naturgarten zu verwenden.

Deschampsia cespitosa

Andere verwandte Gattungen mit ähnlich lockeren großen Blütenrispen sind Federgras (*Stipa*), Reitgras (*Calamagrostis*) und Wiesenhafer (*Helictotrichon*), von denen es viele gute Gartensorten gibt. Hervorheben möchte ich hier das Silber-Ährengras (*Stipa calamagrostis*) ´Allgäu, das Diamantgras (*Calamagrostis brachytria*), eine ostasiatische Unterart unseres heimischen Reitgrases und die sehr schöne Sorte ´Saphirsprudel´ des Stauden-Wiesenhafers, auch Blaustrahlhafer benannt, aus den Nordalpen.

Rasen-Schmiele, *Deschampsia cespitosa* ´Goldschleier`, mit Rose ´Roter Stern´ (MEILLAND 1978)

Diamantgras,
Calamagrostis brachytria

Blaustrahlhafer,
Helictotrichon parlatorei ´Saphirsprudel´,
davor Fackellilie, *Kniphofia uvaria*

Dianthus carthusianorum (L.)
Karthäuser-Nelke
Caryophyllaceae
Lehnin/Brandenburg
Trockenrasen, Ostufer Netzener See
leg. et det. D. Schmidt, 27.6.1975

Dianthus carthusianorum L.
Karthäuser-Nelke

Die Karthäuser-Nelke ist eine charakteristische Pflanze in Trockenrasen und an trockenen Waldrändern und gehört natürlich zur namengebenden Familie der Nelkengewächse (*Caryophyllaceae*).

Dianthus carthusianorum

Die Nelkengewächse bilden eine relativ umfangreiche Familie, zu der neben den Nelken u.a. auch die im Garten verwendbaren Gattungen Lichtnelke (*Lychnis,* s. Seite 63), Seifenkraut (*Saponaria*) Gipskraut (*Gypsophila*) und Hornkraut (*Cerastium),* beide siehe bei *Lychnis* Seite 63, gehören.

Bekanntermaßen sind unter den Nelken viele Arten, teilweise auch mit Zuchtsorten, die sich aufgrund ihrer Eigenschaften, Wuchsform und Ansprüche an den Standort hervorragend für den Steingarten und zur Bepflanzung von Kübeln eignen. Beispiele hierfür sind die Pfingst-Nelke, die Heide-Nelke und die Sand-Nelke sowie zahlreiche Züchtungen dieser Arten oder Hybriden.

Pfingst-Nelke,
Dianthus gratianopolitanus

Hybridnelke, *Dianthus caryophyllus*,
in einer Kübelpflanzung

Sand-Nelke, *Dianthis arenarius*

Heide-Nelke, *Dianthus deltoides* ´Albus´

Epipactis helleborine (L.) CRANTZ.
Breitblättrige Ständelwurz
Straßenrand Schleusingen-Gottfriedsberg
(durch Herbizid geschädigt!)
leg. et det. Dieter Schmidt
15.8.1974
Orchidaceae

Epipactis helleborine
(L.) CRANTZ.
Breitblättrige Ständelwurz

Die breitblättrige Ständelwurz, auch Breitblättriger Sitter, ist ein Orchideengewächs (*Orchidaceae*), zu deren bekanntesten der Frauenschuh (*Cypripedium calceolus*), die Knabenkräuter (*Orchis*), die Fingerwurze (*Dactylorhiza*) und die Waldvöglein (*Cephalanthera*) gehören. Je nach Art kommen sie in Halbtrockenrasen, lichten Laubwäldern, Feuchtwiesen und sogar in Mooren vor.

Die Breitblättrige Ständelwurz wächst auf möglichst basischem Standort in frischen Laub- und Nadelmischwäldern, waldnahen Weg- und Straßenränder, sogar auf Bahndämmen und in Steinbrüchen.

Das Foto zeigt vom gleichen Fundort wie das Herbarblatt eine ebenfalls geschädigte Pflanze.

Epipactis helleborine

Im Garten haben die *Epipactis*-Arten keine Bedeutung, mit einigen Einschränkungen aber einige Arten der Gattungen *Orchis* und *Dactylorhiza* sowie eventuell der Frauenschuh (*Cypripedium calceolus*).

Von wenigen dafür spezialisierten Züchtern und Gärtnereien werden diese sowie auch für den Garten geeignete fremdländische Orchideen angeboten, z.B. aus Nordamerika und Asien. Fachleute empfehlen, nicht mit heiklen Arten sondern mit überwiegend leichter zu kultivierenden Hybriden zu beginnen und mit ihnen Erfahrungen zu diesen sehr speziellen Pflanzen zu sammeln.

<u>Wichtig</u>: Sämtliche heimischen Orchideen stehen unter Naturschutz, weswegen sie nur von dafür lizenzierten Gartenbaubetrieben bezogen werden dürfen. Zudem müssen ihnen im Garten sehr artgemäße Standortbedingungen geschaffen werden. Das größte Problem ist, dass die Orchideen auf spezifische Bodenpilze angewiesen sind. Diese werden zwar in begrenztem Umfang im Erdsubstrat mitgeliefert, doch können sie sich unter widrigen Gartenbedingungen nicht erhalten, wodurch die Pflanzen nicht mehr lebensfähig bleiben.

Gefleckte Fingerwurz, *Dactolorhiza maculata*

Genista germanica L.
Bergwiese b. Suhl
leg. et det. Dieter Schmidt
15.6.1978
Fabaceae

Genista germanica L.
Deutscher Ginster

Der Deutsche Ginster wächst auf mäßig trockenen Heideflächen und Sandmagerrasen, in trockeneren Bergwiesen und im lichten Eichen-Kiefernwald. Der Boden dieser Standorte ist stets sauer.

Die Arten der Gattung *Genista* sind sämtlich Sträucher oder Halbsträucher, das heißt sie bilden ausschließlich oder zumindest in den bodennahen Bereichen verholzende Triebe aus. Es sind Schmetterlingsblütler (Familie *Fabaceae*).

Genista germanica
Foto: Stefan Lefnaer

Dieser Ginster ist einer der kleinsten Ginster-Arten und empfiehlt sich nur für Liebhaber im Steingarten. Dagegen sind einige andere Arten beliebter, wie der sich flach ausbreitende Flügel-Ginster (*G. sagittalis*), der niedrige Balkan-Ginster (*G. lydia*), nicht gut winterhart, und der Färber-Ginster als bis über 1 m hoher Strauch. Zu beachten ist, dass alle Ginster Giftpflanzen sind!

Verwandt mit den Ginstern sind auch die Blauregen (*Wisteria foribunda* und *W. sinensis*), bekannte bis 10 m hoch wachsende Klettergehölze, der Goldregen (*Laburnum anagyroides*) und die Robinie (*Robinia pseudoacacia*).

Färber-Ginster, *Genista tinctoria*

Flügel-Ginster, *Genista sagittalis*

Balkanginster, *Genista lydia*

Blauregen, *Wisteria sinensis*

1928
Gentiana
germanica

Gentianella germanica WILLD.
Gentianaceae

Deutscher Enzian
Alte Warth bei Bad Liebenstein
(D. Schmidt, ohne Datum)

Gentianella germanica
(WILLD.) BÖRNER
Deutscher Kranzenzian

Von der früher einheitlichen Gattung *Gentiana* für die Enzian-Arten wurde die Gattung *Gentianella* abgetrennt, weil letztere im Blütenschlund bärtige Anhängsel aufweisen und deshalb Kranzenziane genannt werden.

Die Enziane sind namengebend für die Familie der Enziangewächse (*Gentianaceae*). Der Deutsche Kranzenzian wächst auf stets kalkhaltigen Böden von Halbtrockenrasen, in Kalkbrüchen und wechseltrockenen Wiesen.

Gentianella germanica
Foto: Katharina Kuhlmey

Der Deutsche Kranzenzian wird als Gartenpflanze kaum angeboten, dafür aber einige andere Arten, die zu den Lieblingen der Gartenbesitzer im Steingarten gehören. Sie stammen zumindest aus bergigen Gegenden und kommen teilweise bis in hochalpine Lagen vor. Bei ihrem Standort ist besonders zu beachten, ob die jeweilige Art Kalkboden oder mehr oder weniger sauren Boden benötigt. Auf kalkhaltigem Boden gedeiht z. B. der Kreuzenzian (*Gentiana cruciata*) und der Gelbe Enzian (*Gentiana lutea*), auf kalkfreien Standorten der beliebte Stengellose Enzian (*Gentiana acaulis*) oder der Schwalbenschwanz-Enzian (*Gentiana asclepiadea*).

Die meisten Enziane sind eher niedrigwüchsige Arten, während der aus den Alpen und vom Balkan bekannte Gelbe Enzian mit bis zu 1,50 m Höhe eine stattliche Erscheinung ist. Aus seinem kräftigen Wurzelstock wird der Enzian-Schnaps hergestellt.

Schwalbenschwanz-Enzian, *Gentiana asclepiadea*

Stengelloser Enzian, *Gentiana acaulis*

Herbarium Dieter Schmidt

Geranium sanguineum L.

Blutroter Storchschnabel

Geraniaceae

Jena

28.7.72

Geranium sanguineum L.
Blut-Storchschnabel

Nach der Gattung Storchschnabel (*Geranium*) wurde die Familie *Geraniaceae* benannt.

Der Blut-Storchschnabel mit purpurroten Blüten bevorzugt leicht basische Standorte in Trockenwäldern mit Eichen und Kiefern, in Trockenrasen und Gebüschen.

Der ebenfalls bekannte blau blühende Wald-Storchschnabel (*G. sylvaticum*) dagegen liebt feuchtere Wiesen, Wald- und Gebüschsäume, bevorzugt im Bergland.

Geranium sanguineum
Foto: Katharina Kuhlmey

Vom Blut-Storchschnabel gibt es einige Gartensorten mit teilweise auch helleren und weißen Blüten (Sorte ´Album´). Die Vielfalt der angebotenen Sorten verwandter Arten aus teilweise fernen Ländern ist jedoch riesig, denn sie kommen aus Ländern ganz Europas, Nordafrikas, aus asiatischen und nordamerikanischen Gebirgen.

Nahezu allen angebotenen Arten und Sorten ist gemeinsam, dass sie mit ärmeren Böden, ja teilweise trockeneren Sand- und Schuttböden Vorlieb nehmen. Nach der Hauptblüte ist es ratsam, die Pflanzen zurückzuschneiden, worauf sie wieder austreiben und nochmals blühen können.

Blut-Storchschnabel,
Geranium sanguineum ´Elsbeth´

Pyramiden-Storchschnabel,
Geranium endresii

Cambridge-Storchschnabel,
Geranium cantabrigiense ´Biokovo´

Himalaja-Storchschnabel,
Geranium himalayense ´Gravetye´

Helichrysum arenarium (L.) MOENCH
Sand-Strohblume
Asteraceae
Waren/Müritz 11.8.1981
Ostufer Feißnecksee
leg. et det. D. Schmidt

Helichrysum arenarium
(L.) MOENCH
Sand-Strohblume

Diese Pflanze wächst in Sandmagerrasen, auf trockenen Ruderalstellen und in Kiefernwäldern und gehört zu den Korbblütengewächsen (*Asteraceae*).

Nahe verwandt und teilweise ähnlich sind Katzenpfötchen (*Antennaria*), Ruhrkraut (*Gnaphalium*), Perlkörbchen (*Anaphalis*) und das Edelweiß (*Leontopodium*).

Helichrysum arenarium

Als mediterrane Strohblume bietet sich für den Garten die Italienische Strohblume (*H. italicum*), wegen ihres starken Duftes auch Currykraut genannt, an. Es ist ein Halbstrauch, denn die bodennahen Zweige verholzen. Leider ist sie bei uns nicht überall gut winterhart.

Verwandte der Strohblumen sind das Perlkörbchen, ursprünglich aus den USA, Kanada und Japan stammend, bei uns wild als Neophyt vorkommend und in Zuchtsorten gehandelt, das heimische Katzenpfötchen, ebenfalls mit Gartensorten und das alpine Edelweiß.

Italienische Strohblume, *Helichrysum italicum*

Perlkörbchen, *Anaphalis triplinervis*

Edelweiß, *Leontopodium alpinum*

Katzenpfötchen, *Antennaria dioica*

Hypericum montanum L.
Friedrichshöhe/Thür. Wald
leg. et det. D. Schmidt
5.10.1975
Hypericaceae

Hypericum montanum L.
Berg-Hartheu

Das Berg-Hartheu ist eines von etwa 10 heimischen Arten der Hartheugewächse (*Hypericaceae*), die ausschließlich mit der Gattung Hartheu, auch Johanniskräuter genannt, gebildet wird. Das Berg-Hartheu bevorzugt nährstoffreichere mäßig trockene Standorte im Laubwald und seinen Säumen und Gebüschen und ist kalkhold.
Eine weitere bekannte heimische Hartheu-Art ist das als Heilpflanze bekannte Tüpfel-Hartheu (*H. perforatum*).

Hypericum montanum

Gärtnerisch sind aus dieser Gattung das Großblütige Johanniskraut (*Hypericum calycinum),* das Vielblättrige Johanniskraut (*H. polyphyllum*) und das Strauch-Johanniskraut (*H. prolificum*) von Bedeutung. Sie stammen aus Ost- und Südosteuropa und Vorderasien, sind in Deutschland aber weitestgehend winterhart. Es sind niedrige Halbsträucher, bilden also bodennah verholzende Triebe aus und sind sehr anspruchslos und vertragen Trockenheit gut. *H. calycinum* bleibt in milden Wintern immergrün, benötigt aber wegen starker Ausläufer ausreichend Platz.

H. polyphyllum stellt ebenfalls nur geringe Ansprüche an den Standort, begnügt sich mit wenig Humus und gedeiht gut in steinigen Anlagen, ohne sich dort stärker auszubreiten. *H. prolificum* wächst buschig aufrecht bis zu einem Meter.

Großblütiges Johanniskraut, *Hypericum calycinum*

Strauch-Johanniskraut, *Hypericum prolificum*

VÅRFRYLE, LUZULA PILOSA WILLD.

Herbarium Dieter Schmidt

Luzula pilosa (L.) WILLD.
Haar-Hainsimse, Juncaceae

4.6.72
Jena, Tautenburger Forst

Luzula pilosa (L.) WILLD.
Haar-Hainsimse

Die Gattung Hainsimse wird auch Hainbinse genannt und es sind Binsengewächse (Familie *Juncaceae*).
Der Artname bezieht sich auf die deutlich behaarten Blätter der Pflanze. Sie wächst häufig im Laub- und Nadelwald auf sauren und nährstoffarmen Böden. Für den Garten wurde sie als reine Art durch Karl Foerster 1933 eingeführt, wo sie flache Rasen bildet und wintergrün ist.

Luzula pilosa

Neben der Haar-Hainsimse sind auch die Schnee-Marbel und die Wald-Hainsimse als Arten, ebenfalls von Foerster eingeführt, jetzt auch mit einigen Zuchtsorten für den Garten gebräuchlich. Sie lieben halbschattige Standorte und auch sie sind als besonderer Vorzug wintergrün.
Auf trockeneren Wiesen blüht bereits ab Ende März die sehr kleine Gewöhnliche Hainsimse, auch Hasenbrot genannt, die auf einem nicht zu zeitig gemähten Rasen auch im Garten als erstes blühendes Gras häufig vorkommt. Der naturliebende Gärtner achtet auch auf so etwas.

Schnee-Marbel, *Luzula nivea* (oben)
Wald-Hainsimse, *Luzula sylvatica*, ´Starmaker´ (oben links)

Gewöhnliche Hainsimse, Hasenbrot, *Luzula campestris*

A. TJÄRBLOMSTER, VISCARIA VULGARIS ROEHL.
B. GÖKBLOMSTER, LYCHNIS FLOS CUCULI L.

Lychnis viscaria L.
Caryophyllaceae
Friedrichshöhe/Thür. Wald
Pechgrund
leg. et det. D. Schmidt 19.6.1976

Lychnis viscaria L.
Pechnelke

Die Pechnelke, auch Lichtnelke genannt, gehört zu den Nelkenge-
wächsen (*Caryophyllaceae*) und ist mit der bekannten Kuckucks-
Lichtnelke (*Lychnis flos-cuculi*; ihre Blüte in der historischen Zeich-
nung Seite 62 oben links) verwandt. Sie wächst auf kalkfreien Trockenrasen, in Trockenwäldern und Gebüschen bis hin zu steinig-
felsigen Fluren.

Lychnis viscaria

Die Pechnelke ist als Art oder ihren Zuchtsorten eine genügsame Pflanze im nährstoffarmen Beet, im Steingarten und Kiesgarten. Gleich geringe Ansprüche haben die verwandten Arten Leimkraut (*Silene*), Horn-
oder Steinkraut (*Cerastium*) und Schleierkraut/Gipskraut (*Gypsophila*), so dass sich mit ihnen und weiteren
genügsamen Pflanzen wenig pflegebedürftige, aber farbenfrohe Flächen gestalten lassen.

Pechnelke, *Lychnis viscaria* ´Feuer´
vor Wollziest, *Stachys byzantina*

Klippen-Leimkraut, *Silene maritima*
´Weißkehlchen´

Niedriges Hornkraut, *Cerastium tomentosum*
´Silberteppich´

Kriechendes Schleierkraut,
Gypsophila repens ´Rosenschleier´

Malva alcea L.
Schwellenburg b. Erfurt
leg. et det. Dieter Schmidt
14.09.1975
Siegmarswurz
Malvaceae

Malva alcea L.
Siegmarswurz

Die Siegmarswurz, auch Rosen-Malve genannt, wächst häufig ruderal an Wegrändern, auf Böschungen und in weniger bearbeiteten Gartenpartien. Die Malven sind namengebend für die Familie Malvengewächse (*Malvaceae*). Zu den Malvengewächsen werden jetzt auch die Linden (*Tilia*) einbezogen, die vorher eine eigene Familie (*Tiliaceae*) bildeten.

Das Foto rechts zeigt die Rosen-Malve als gern geduldete Wildpflanze im Garten.

Malva alcea

Die Blütenkronen der Malven bestehen, abgesehen von gefüllt blühenden Züchtungen, aus fünf Blütenblättern mit der vorherrschenden Farbe rosa in verschiedenen Tönungen, es gibt aber auch weiße und gelbe Varietäten, z.B. bei der allbekannten Stockrose (*Alcea rosea*). Beliebt sind auch die Strauch-Malve und der Garten-Hibiskus. Der Malven-Tee besteht aus Blüten des Echten Eibisch (*Althaea officinalis*) und/oder der Weg-Malve (*Malva neglecta*) sowie dem Hibiskus. Ein völlig anderes Erscheinungsbild dagegen zeigen die Linden als beliebte und häufige Bäume im Straßenbild und in Parkanlagen.

Strauch-Malve, *Lavatera x olbia* ´Kew Rose´

Hibiskus, Rosen-Eibisch, *Hibiscus syriacus*

Echter Eibisch, *Althaea officinalis*

Herbstfärbung der Winter-Linde, *Tilia cordata*

Mentha arvensis L.
Acker-Minze
Lamiaceae
12.08. 1981 Waren/Müritz
Ostufer Feißnecksee
leg. et det. Dieter Schmidt

Mentha arvensis L.
Acker-Minze

Die Minzen sind Pflanzen der sehr artenreichen Familie der Lippen-blütler (*Lamiaceae*). Diese altbekannte Heilpflanze ist weltweit ver-breitet und man findet sie auf feuchten nährstoffreichen Äckern und Wiesen.

Aus der Acker-Minze und ihren verwandten Arten aus Südeuropa und Asien entstanden zahlreiche Kreuzungen, Sorten und besondere Auslesen. Die Pfeffer-Minze (*Mentha x piperita*) ist nur ein Beispiel, von der es wiederum viele Sorten gibt. Und das Angebot mit neuen Duft- und Geschmacksrichtungen wird derzeit immer umfangrei-cher.

Mentha arvensis

Als der Minze ähnliche Arten für den Garten seien hier Salbei, Lavendel, Ziest und Katzenminze empfohlen, die ebenfalls sehr arten- und sortenreich sind. Die Gartenformen der Katzenminze wurden überwiegend aus Arten Südeuropas, Asiens und Japans gezüchtet. Der besonders großblütige Mehl-Salbei ist eine einjäh-rige Sommerblume. Zur Züchtung der Zieste werden meist Arten aus südlichen Gebirgen verwendet. Der Echte Lavendel stammt aus dem Mittelmeerraum und ist mit seinen Sorten in Deutschland nicht mehr aus den Gärten wegzudenken.

Mehl-Salbei, *Salvia farinosa* ´Käpt´n Brise´

Kaukasus-Katzenminze, *Nepeta racemosa* ´Superba´

Dichtblütiger Ziest, *Stachys monnieri* ´Hummelo`

Echter Lavendel, *Lavandula angustifolia*

432. Meum athamanticum Jacq.

Spignel, Meu, Baldmoney; Pk.

Meum athamanticum JACQ.
Bärwurz
Friedrichshöhe/Thür. Wald
leg. et det. D. Schmidt 5.10.1975

Meum athamanticum JACQ.
Bärwurz

Die Bärwurz ist eine typische Pflanze der Doldengewächse (*Apiaceae*) und Charakterpflanze auf Frischwiesen in den Mittelgebirgen auf sauren Magerrasen. Die Luft in der Nähe ihrer Vorkommen ist von aromatischem Duft der Bärwurz erfüllt.

Meum athamanticum

Als Gartenpflanze hat die Bärwurz keine Bedeutung. Die fein gefiederten Blätter der Bärwurz können aber als Würze in Kräuterquark verwendet werden. Bekannt ist auch die Herstellung von Bärwurz-Schnaps, besonders im Bayerischen Wald. Verwandte der Bärwurz sind u.a. die Gewürzpflanzen Liebstöckel, Petersilie und Kerbel (s. Seite 19) und die Gemüsearten Möhre, Sellerie und Pastinak. Als Zierpflanze unter den Doldengewächsen ist die Sterndolde (*Astrantia major*) bekannt, von der verschiedene Gartensorten mit weißen, rosa und roten Blüten im Handel sind.

Liebstöckel, *Levisticum officinale*

Sterndolde, *Astrantia major* ´Shaggy´

Herbarium Dieter Schmidt

Milium effusum L.

Poaceae

Bad Freienwalde

17. 6. 72

Milium effusum L.
Wald-Flattergras

Das Flattergras ist ein Süßgras (Familie *Poaceae*), ist anspruchslos und kommt fast überall in Laub- und Nadelmischwäldern und auf Waldwiesen vor. Mit seinen unterirdischen Ausläufern bildet es beständige Horste.

Vom Flattergras gibt es die Sorte ´Aureum´ mit besonders gelben Blättern für den Garten, ist aber nur bei Liebhabern bekannt.

Milium effusum

Stattdessen bekannter und in vielen Arten und Sorten wird das Chinaschilf (*Miscanthus*) angeboten und verwendet. Sehr zu empfehlen sind auch die teilweise heimischen Federgräser (*Stipa*), das Federborsten- oder Lampenputzergras (*Pennisetum*) aus Ostasien und die Rutenhirsen (*Panicum*) aus Nordamerika. Das Afrikanische Fontänengras (*Pennisetum setaceum*), Sorte ´Rubrum´, ist hier nicht winterhart. Die Fotos zeigen Beispiele aus der Fülle der Angebote.

Chinaschilf, *Miscanthus sinensis* ´Zebrinus´

Flausch-Federgras, *Stipa tenuissima,*
vor Rose ´Amber Queen´ (HARKNESS 1984)

Rutenhirse, *Panicum virgatum*
´Rotstrahlbusch´

Herbarium Dieter Schmidt

(Myosotis laxa LEHM.)
Lockerblütiges Vergißmeinnicht
Boraginaceae
Jena   Myosotis laxiflora RCHB.
28. 6. 72

Myosotis scorpioides L.
Sumpf-Vergissmeinnicht

Das Sumpf-Vergissmeinnicht ist ein Boretschgewächs (Familie *Boraginaceae*), deren Merkmal die in einem bogenförmigen Wickel aufgereihten Blüten sind.

Die Herbarpflanze, ursprünglich als Rasenvergissmeinnicht (*Myosotis laxa*) bestimmt, später Sumpf-Vergissmeinnicht (*M. laxiflora*) genannt, ist jetzt botanisch *M. scorpioides*. Diese und andere gehören zur Artengruppe Sumpf-Vergissmeinnicht, die auf nassen Wiesen, in Röhrichten und an Grabenrändern wachsen.

Myosotis scorpioides

Von den Arten des Vergissmeinnichts hat allenfalls das zweijährige Wald-Vergissmeinnicht gewisse Bedeutung in Pflanzungen mit anderen Frühlingblumen.

Verwandte Gattungen in der Familie sind die Sonnenwende (*Heliotropium*), der Beinwell (*Symphytum*), das Kaukasusvergissmeinnicht (*Brunnera*), das Gedenkemein (*Omphalodes*), Lungenkraut (*Pulmonaria*, s. Seite 81) und natürlich der Garten-Boretsch (*Borago*), das Gurkenkraut, als namengebend für die Familie.

Gedenkemein, *Omphalodes verna*

Boretsch, Gurkenkraut, *Borago officinalis*

Sonnenwende,
Heliotropium arborescens ´Bright Lights´

Beinwell, *Symphytum officinale*

Hieracium aurantiacum L.
Suhl, Friedberg
leg. et det. D. Schmidt
11.6.1979
Asteraceae

Pilosella aurantiaca
(L). F.W. SCHULTZ et. SCH. BIP.
Orangerotes Mausohr-Habichtskraut

Diese Art war unter dem früheren Namen Orangerotes Habichtskraut (*Hieracium aurantiacum*) bekannt. Es gehört zur Familie der Korbblütengewächse (*Asteraceae*) und ist in den Mittelgebirgen bis in höhere Gebirge auf sandigen bis humosen sauren Böden häufig.
Es breitet sich durch Ausläufer sowie durch Samen recht schnell aus und bildet größere lockere Bestände.

Pilosella aurantiaca

Diese Art kommt mitunter in bergnahen Gärten auch natürlich vor, wird auch in einer geflecktblättrigen gelbblühenden Sorte ´Leopard´ der verwandten Art *Hieracium maculatum* gehandelt.
Drei sehr unterschiedliche Korbblütler sollen hier empfohlen werden: die auf ähnlichen Standorten gedeihende Berg-Flockenblume, auch in Sorten, die Kugeldistel für trockenere Standorte und aus der riesigen Sortenvielfalt der Dahlien eine bienenfreundliche ungefüllte Dahlie.

Dahlie ´Night Butterfly´

Berg-Flockenblume, *Centaurea montana*
(rechts oben)
Kugeldistel, *Echinops ritro* ´Veitchs Blue´
(rechts unten)

Potentilla tabernaemontani ASCHERS.
Frühlings-Fingerkraut
Rosaceae
Jena-Göschwitz, Mönchsbergwiese
leg. et det. D. Schmidt 17.5.1973

Potentilla neumanniana RCHB.
Frühlings-Fingerkraut

Das Frühlings-Fingerkraut gehört zur Familie der Rosengewächse (*Rosaceae*) und ist eines der vielen Arten der Fingerkräuter, die mit Ausnahme des Strauch-Fingerkrautes (*Potentilla fruticosa* L.) Stauden sind. Botanisch wurde diese Pflanze vorher auch als *P. verna* und *P. tabernaemontani*, wie auf dem Herbarblatt, bezeichnet.

Es ist in ganz Europa auf Sand- und Kiesböden, in Trockenrasen und auf Kiesböden vorhanden. Es hat tief reichende Pfahlwurzeln, bewurzelt sich zusätzlich an den niederliegenden Trieben und versamt sich sehr stark. Die Blüten sind leuchtend hellgelb und es wird nur bis 15 cm hoch.

Potentilla neumanniana

Die Art und ihre Zuchtsorten, z.B. ´Nana´, nur 5 cm hoch, eignen sich hervorragend für Mauerfugen und Steingärten. Außerdem gibt es zahlreiche Arten und Sorten dieser Gattung. Die meisten wachsen in Halbtrocken- und Trockenrasen, sind kalkliebend oder nehmen mit sandigen Böden vorlieb. Nur wenige bevorzugen feuchte bis sehr feuchte Standorte, z.B. die Blutwurz, als Tormentill bekannte Heilpflanze bei Magen- und Darmkatarrhen.

Namengebend für die Familie sind natürlich die Rosen mit ihren vielen Arten und Tausenden von Zuchtsorten.

Nepal-Fingerkraut, *Potentilla nepalensis* ´Miss Willmott

Portlandrose ´Madame Boll´ (BOLL 1843)

Dreizähniges Fingerkraut, *Potentilla tridentata* ´Nuuk´

Primula veris L.
Wiesenprimel
Primulaceae
Suhl, Himmelreichwiese
leg. et det. Dieter Schmidt
1.5.1975

Primula veris L.
Wiesen-Primel

Die Wiesen-Primel ist auf Halbtrockenrasen und wechseltrockenen Wiesen weit verbreitet. Viele für sie geeignete Wiesen leuchten im Frühjahr weithin von ihrer gelben Farbe. Es ist natürlich ein Primelgewächs (Familie *Primulaceae*).

Der Unterschied zur ebenfalls häufigen Hohen Schlüsselblume (*Primula elatior*) ist, dass *P. veris* orangene Flecken im Blütenschlund hat. Beide Arten sind im Volksmund als Himmelschlüssel sehr bekannt.

Primula veris

Der Handel bietet neben Sorten der Schlüsselblumen eine reiche Auswahl an Primeln und ihren Sorten an, auch in Kreuzungen wie die Bastard-Schlüsselblume. Sie ist ab 1913 im Park Pruhonice bei Prag mit der heimischen Schaftlosen Primel entstanden und heute beliebte Gartenprimel.

Besonderheiten sind u.a. die Alpen-Aurikel, ebenfalls in Sorten, oder die vielfältigen Chinesischen Etagenprimeln, Bullesiana-Hybriden, in vielen Formen und Farben zu haben. Man sollte sie bereits blühend kaufen, will man eine bestimmte Farbe haben.

Hohe Schlüsselblume, *Primula elatior*

Bastard-Schlüsselblume, *P. x pruhoniciana*

Alpen-Aurikel, *Primula auricula*

Chinesische Etagenprimeln, *Primula x bullesiana*

Pulmonaria officinalis L.
Echtes Lungenkraut
Boraginaceae
Jena, Isserstädter Forst
leg. et det. D. Schmidt 3.5.1973

Pulmonaria officinalis L.
Echtes Lungenkraut

Das Echte oder Gefleckte Lungenkraut ist ein Bor-retschgewächs (Familie *Boraginaceae*). Es wächst im frischen bis feuchten Laubmischwald, Auenwald und entsprechenden Gebüschen. Kennzeichnend für die Pflanze sind die deutlich abgesetzten hellen Flecken auf den Blättern. Das Lungenkraut ist eine Heilpflanze und ist hustenreiz- und entzündungshemmend.

Pulmonaria officinalis

Ebenfalls in Deutschland heimisch, aber selten, ist das Knollige Lungenkraut (*Pulmonaria montana*). Von beiden als auch von einigen Arten südlicher Länder gibt es Gartenformen. Die Futterpflanze *Phacelia,* der Bienenfreund, ist eine besonders gute Bienennährpflanze und wird feldmäßig angebaut. In Sommerblumenmischungen ist ein aus Südeuropa stammender Natternkopf (*Echium plantangineum*) enthalten.
Der Beinwell (*Symphytum officinalis*) ist eine heimische Heilpflanze gegen Gelenk- und Muskelschmerzen. Weitere verwandte Kleinstauden sind das Kaukasus-Vergissmeinnicht (*Brunnera macrophylla*) und der Steinsame (*Lithodora diffusa*) aus Südwesteuropa.

Knolliges Lungenkraut, *Pulmonaria montana*

Natternkopf, *Echium plantangineum*

Kaukasus-Vergissmeinnicht,
Brunnera macrophylla

Steinsame, *Lithodora diffusa* ´Havenly Blue´

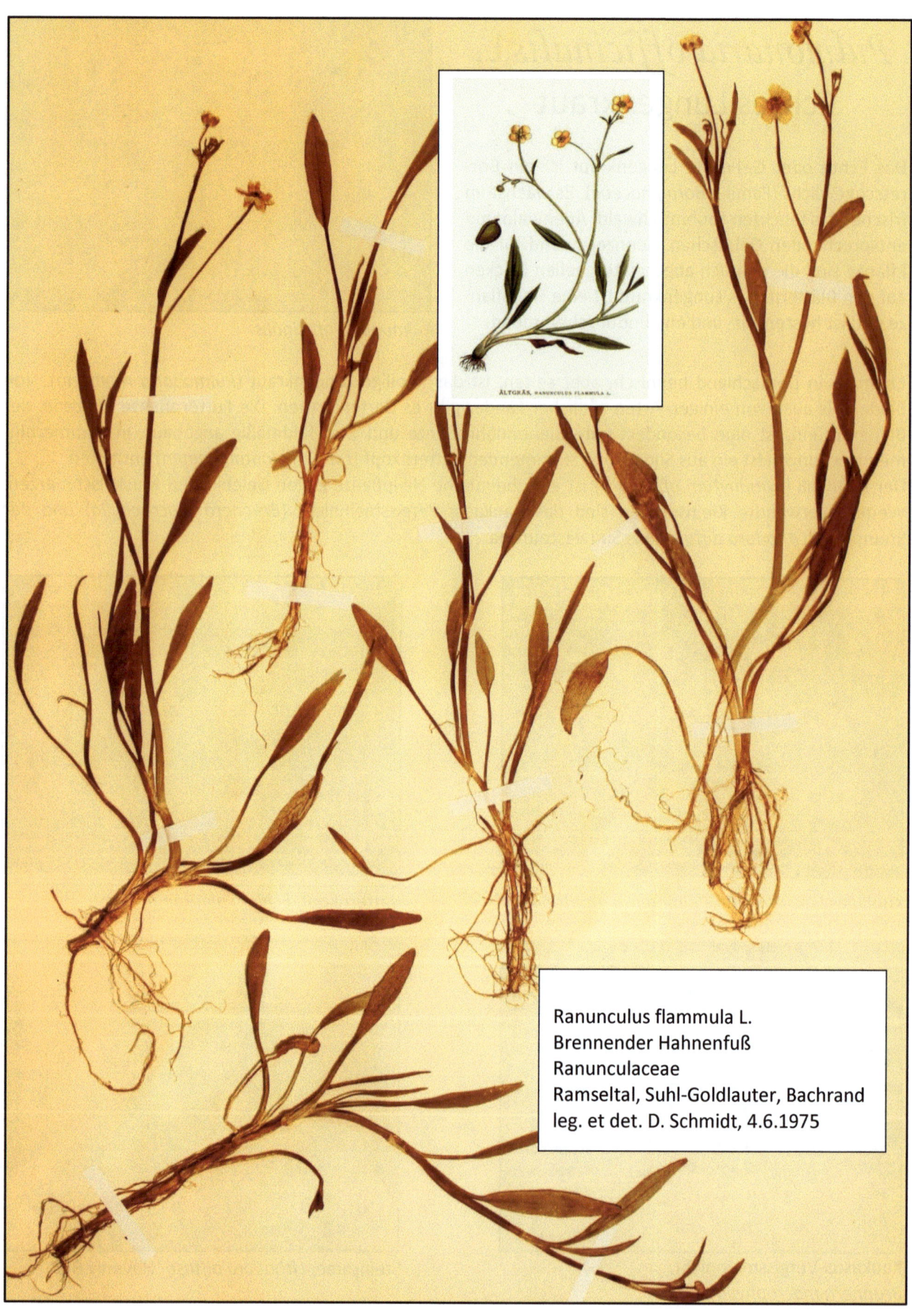

Ranunculus flammula L.
Brennender Hahnenfuß
Ranunculaceae
Ramseltal, Suhl-Goldlauter, Bachrand
leg. et det. D. Schmidt, 4.6.1975

Ranunculus flammula L.
Brennender Hahnenfuß

Der Brennende Hahnenfuß wächst auf Nasswiesen, in Sümpfen, an Quellen, Gräben und Ufern kleiner Gewässer. Er ist natürlich ein Hahnenfußgewächs (*Ranunculaceae*).

Ranunculus flammula

Ranunculus flammula, der Gewöhnliche Wasserhahnenfuß *(R. aquatilis)* u.a. feuchtliebende Wasserhahnenfüße werden für den Gartenteich angeboten. Da außer diesen in diesem Buch keine weiteren Wasserpflanzen besprochen werden, hier Hinweise auf attraktive Pflanzen für den Gartenteich aus anderen Familien. Die verwandten Sumpf-Schwertlilie, Wiesen-Schwertlilie und Blutweiderich sind heimische Pflanzenarten, von denen es auch eigene Sorten gibt. Dagegen sind die unübersehbaren Sorten der Bastard-Seerosen Kreuzungen aus asiatischen, afrikanischen und amerikanischen Arten.

Blutweiderich, *Lythrum salicaria*

Sumpf-Schwertlilie, *Iris pseudacorus*

Wiesen-Schwertlilie, *Iris sibirica*

Bastard-Seerose, *Nymphaea x cultorum*

Sedum villosum L.
Crassulaceae
Anzuchtkasten, 23.6.1978, aus Bruchtrieben
vom Naturstandort, Febr. 1978
leg. et det. D. Schmidt

Sedum villosum L.
Sumpf-Fetthenne

Die Sumpf-Fetthenne gehört zur Familie der Dickblattge-
wächse (*Crassulaceae*), ist unter ihren Verwandten jedoch
eine der kleinsten und seltensten Pflanzen in Deutschland.
Sie wächst an offenen Stellen in Flachmooren, Quellfluren
und daran anschließenden kleinen Gräben.
Das Foto zeigt die Pflanze im mit Blütenknospen versteckt
zwischen Moosen und Sauergräsern am Naturstandort.

Sedum villosum

Die Sumpf-Fetthenne mit rosa Blütenblättern ist nur bis 15 cm groß und kann sich auf ständig feuchtem
Boden durch abfallende Sprosse vegetativ vermehren. Sie ist in einigen Bundesländern vom Aussterben
bedroht oder bereits ausgestorben. Sie verträgt keinerlei konkurrierende Pflanzen, was nur durch gezielte
Pflege realisiert werden kann. Der Autor hatte die naturschutzrechtliche Genehmigung, mit Sprossen der
Pflanze das Wuchsverhalten zu untersuchen, um sie in der Natur gezielt zu erhalten.
Zu den Dickblattgewächsen gehören neben den Fetthennen auch zwei in Deutschland natürlich vorkom-
menden Hauswurze, die Spinnweb- und Dach-Hauswurz (*Sempervivum arachnoideum, Sedum tectorum*).
Von beiden Gattungen werden die Arten im Steingarten und in Pflanztrögen verwendet; auch werden zahl-
reiche Sorten heimischer, asiatischer und amerikanischer Arten angeboten.

Große Fetthenne, *Sedum telephium* ´Herbstfreude´

Kamtschatka-Fettblatt, *Sedum kamtschatikum*

Teppich-Fettblatt, *Sedum spurium* ´Tricolor´

Sedum hybridum ´Immergrünchen´

Thymus pulegioides L.
Lamiaceae
Suhl, am Domberg
leg. et det. D. Schmidt
Juli 1974

Thymus pulegioides L.
Arznei-Thymian,
Feld-Thymian

Der Thymian wächst auf Sandtrocken- und Halbtrockenrasen, auf trockenen Wiesen und auf Heiden und ist sehr verbreitet. Er ist ein Lippenblütler (Familie *Lamiaceae*).

Die Bestimmung der heimischen Thymiane ist schwierig und ihre Nomenklatur wurde häufig geändert, z.B. in der Unterscheidung des Feld-Thymians mit dem Sand-Thymian (*T. serpyllum*) und mit ihren Unterarten.

Thymus pulegioides

Von den heimischen Thymianen wurden viele Sorten gezüchtet. Der gezeigte *T. citriodorus* ist eine natürlich entstandene Kreuzung zwischen dem Feld-Thymian und dem Echten Thymian (*T. vulgaris*) mit dann eingezüchtetem teilweise weißbuntem Laub. Außerdem sind Arten mit Sorten aus den Mittelmeerländern im Handel.

Familiäre Verwandte des Thymians sind Salbei (*Salvia*), Günsel (*Ajuga*) und das heimische Küchenkraut Oregano. Von ersteren sind einige heimische und nichtheimische Arten mit jeweils mehreren Sorten gartentauglich. Alle Lippenblütler sind von hohem ökologischem Nutzen für Bienen, Hummeln und Schmetterlingen.

Weißbunter Zitronenthymian,
Thymus citriodorus ´Variegatus´

Quirlblättriger Salbei,
Salvia verticillata ´Purple Rain´

Kriechender Günsel, *Ajuga reptans*

Oregano, *Origanum vulgare*

Trifolium spadiceum L.
Moor-Klee
Suhl/Thür. Wald
leg. et det. D. Schmidt
15.6.78

Trifolium spadiceum L.
Moor-Klee

Der Moor-Klee ist ein Schmetterlingsblütler (Fabaceae) und siedelt in montanen Moor- und Magerwiesen, an Quellen und Gräben. Sein besonderes Merkmal sind die gelben, später kastanienbraunen Blütenköpfe. Er kommt in einigen Gebieten im Mittelgebirge und vor allem in den Alpen vor.

Der Moor-Klee ist eine zumeist einjährige Pflanze, wächst also jährlich neu aus Samen heran. Deshalb kann er gegen Konkurrenz mehrjähriger Pflanzen nur sehr bedingt bestehen.

Trifolium spadiceum

Die Familie der Schmetterlingsblütler ist zwar sehr artenreich, von denen bereits beim Wundklee (*Anthyllis,* s. Seite 21) und beim Ginster (*Genista,* s. Seite 51) gartenwürdige wichtige Stauden und Gehölze genannt wurden. Vom Klee aber gibt es lediglich Sorten des Weißklees (*Trifolium repens*) mit besonders gefärbten Blättern und größeren Blüten in Weiß über Rosa bis Rot. Diese sind in Gärten und Anlagen jedoch noch kaum vorhanden.

Hier wird auf die der Familie zugehörenden Nutzpflanzen Bohne, Erbse und Linse erinnert, von denen die Feuerbohne (*Phaseolus coccineus*) als Stangenbohne gezogen auch in gärtnerischen Schauanlagen anzutreffen ist. Beliebt in Gärten sind auch die aus der heimischen Lupine (*Lupinus polyphyllus*) herausgezüchteten vielen sehr farbenreichen Sorten

Feuerbohne, *Phaseolus coccineus* ´Goliath´

Lupine, Sorte der *Lupinus polyphyllus*

Aster tripolium L.
Salzaster
Asteraceae
leg. et det. Walter Weiß
Aug. 1964

Tripolium pannonicum
(JACQ.) DOBROCZ.
Salzaster, Strandaster

Die Salz- oder Strandaster ist ein Korbblütengewächs (Familie *Asteraceae*) und mit den Astern
verwandt. Ihr früherer botanischer Name war
Aster tripolium.

Tripolium pannonicum

Die Salzaster ist ein Halophyt, das heißt, dass sie ausschließlich auf stark salzhaltigen Standorten wächst,
wie Salzwiesen, an salzhaltigen Grabenrändern und an Salzhalden. Derartige Standorte sind natürlich in
Gärten und Parkanlagen nicht vorhanden, weswegen die Pflanze auf ihre natürlichen Standorte beschränkt
bleiben muss.
Die Gattung der Astern jedoch ist äußerst artenreich. In Katalogen und Gartenbüchern werden Vertreter
aus aller Welt und mit ihnen ein umfangreiches Zucht-Sortiment geführt. Das Farbspektrum geht von Weiß
über alle Blautöne, Violett bis hin zu schönen Sorten in verschiedenen roten Farben. Ihre Blütezeit reicht
vom Frühling bis in den späten Herbst. Die Auswahl ist also riesig und einige sollten in keinem Garten feh-
len.

Alpenaster, *Aster alpinus* ´Dunkle Schöne´

Kissen-Aster, *Aster dumosus* ´Blue Lagune´

Aster ´Mystery Lady´
vor Blumen-Hartriegel im Herbstlaub

Trollius europaeus L.
Ranunculaceae
Suhl, Himmelreichwiese
leg. et det. D. Schmidt
6.6.1975

Trollius europaeus L.
Trollblume

Die Trollblume gehört wie weitere hier vorgestellte Arten zu den Hahnenfußgewächsen (*Ranunculaceae*). Sie wächst auf feuchten bis nassen Wiesen, in ärmeren Fettwiesen von der Ebene bis in Gebirgslagen. Mit ihrer kugelförmigen Blüte ist sie eine allgemein sehr bekannte Pflanze.

Die Trollblume ist europaweit von Spanien über Italien bis zum Baltikum und Westsibirien verbreitet. In Deutschland kommt sie in mehreren Bundesländern vor, ist aber überall gefährdet und steht deshalb unter Naturschutz.

Sie wird auch im Handel als Gartenpflanze angebotenund sollte ihrem natürlichen Standort entsprechend nur an feuchten Stellen gepflanzt werden, etwa am Teichrand.

Trollius europaeus

Weitere Trollblumen-Arten kommen aus China und Zentralasien. Aus ihnen und mit der europäischen Trollblume wurden viele Hybridsorten gezüchtet, alle mit ihren typischen runden Blütenköpfen und in verschiedenen Gelbtönen.

Mit der Trollblume verwandte Arten sind das Frühlings-Adonisröschen (*Adonis vernalis*) als Staude in Halbtrockenrasen und das einjährige Sommer-Adonisröschen (*Adonis aestivalis*), als Ackerwildkraut sehr selten geworden.

Das heimische Leberblümchen (*Hepatica nobilis*) aus dem Laubwald sowie die Nieswurze (*Helleborus*-Arten*)*, einige Sorten der Orientalischen Nieswurz (*Helleborus orientalis*) und die Grüne Nieswurz *(Helleborus niger)* gehören ebenfalls zu den Hahnenfußgewächsen.

Leberblümchen,
Hepatica nobilis

Orientalische Nieswurz,
Helleborus x orientalis

Adonisröschen, *Adonis vernalis*
Foto: Katharina Kuhlmey

Veronica officinalis L
Suhl, Himmelreichwiese
leg. et det. D. Schmidt
23.6.1976
Scrophulariaceae

Veronica officinalis L.
Echter Ehrenpreis

Den Echten Ehrenpreis findet man im frischen bis trockenen Laub- und Nadelwald, auf Wegeböschungen und Heiden auf sauren Böden. Die Ehrenpreise werden neuerlich den Wegerichgewächsen (Familie *Plantaginaceae*) zugeordnet, vorher den Braunwurzgewächsen (*Scrophulariaceae*).
Der Echte Ehrenpreis hatte früher in der Volksheilkunde Bedeutung bei Erkrankungen der Atmungsorgane, wird aber heute kaum noch verwendet.

Veronica officinalis
Foto: H. Zell

Namengebend für die Familie sind die teilweise als Heilkräuter bekannten Wegerich-Arten (*Plantago*). Vom Ehrenpreis sind einige mittel- bis südeuropäisch beheimatete Arten mit ihren Sorten gärtnerisch sehr beliebt, z.B. der Ähren-, der Große und der Langblättrige Ehrenpreis, der (*V. spicata, V. teucrium* und *V. maritima*). Der Langblättrige Ehrenpreis liebt feuchte bis nasse Standorte, während die beiden anderen und überhaupt die meisten Arten eher trockenere Standorte bevorzugen.
Mit dem Ehrenpreis verwandte Gartenpflanzen sind der Fingerhut (*Digitalis*, stark giftig!) und das Löwenmaul (*Anthirrhinum*). Aus der früheren Familie der Braunwurzgewächse gehören nun u.a. die Königskerzen (*Verbascum*-Arten) und die Sommerflieder (*Buddleia*) dazu.

Ähren-Ehrenpreis,
Veronica spicata ´Blauteppich´

Langblättriger Ehrenpreis,
Veronica maritima ´Blauriesin´

Großer Ehrenpreis,
Veronica teucrium

Viola tricolor. L.
Wildes Stiefmütterchen
Violaceae
Potsdam, Forsthaus Templin
leg. et det. D. Schmidt 30.6.1975

Viola tricolor L.
Wildes Veilchen
Wildes Stiefmütterchen

Das allbekannte Wilde Veilchen oder Stiefmütterchen ist selbstverständlich ein Veilchengewächs (Familie *Violaceae*) und die Gattung *Viola* ist die einzige und namengebende Gattung der Familie. Seine Bestände sind aber durch die intensive Landwirtschaft bedroht, denn ihr wichtigster Lebensraum sind extensive Äcker. Es wächst aber auch in Wiesen, Sandtrockenrasen und in Felsfluren von der Ebene bis in subalpine Höhen.

Viola tricolor

Veilchen sind in einem naturverbundenen Garten fast immer vorhanden, allen voran das März- oder Duftveilchen. Vorwiegend für Balkonkästen und Kübel finden Hornveilchen, ursprünglich aus Nordspanien stammend, und das Garten-Stiefmütterchen vielseitige Verwendung. Beide gibt es in unzähligen Sorten. Das Garten-Stiefmütterchen ist ursprünglich eine Kreuzung unseres Wilden Veilchens mit zwei Arten aus den Sudeten und dem Altaigebirge, aus denen immer neue Sorten entstanden. Das Duftveilchen liefert übrigens eines der teuersten kosmetisch verwendeten ätherischen Öle.

März-, Duft-Veilchen, *Viola odorata* (rechts)
Farbbeispiele von Garten-Stiefmütterchen,
Viola wittrockiana (unten) und
Horn-Veilchen, *Viola cornuta* (rechts unten)

Literaturverzeichnis

- BÄRTELS, A.; F. M. von BERGER & A. BARLAGE (2015): Das große Buch der Gartenpflanzen. – Stuttgart.
- BRESINSKY, A. et al. (2008): Strasburger – Lehrbuch der Botanik. – 36. Aufl.
- BUNDESAMT FÜR NATURSCHUTZ (1996): Rote Liste gefährdeter Pflanzen Deutschlands. - Schriftenreihe für Vegetationskunde, H. 28. - Bonn-Bad Godesberg.
- CHEERS, G. (Hrsg., 2003): Botanica, das ABC der Pflanzen. – Lizenzausgabe Weltbild 2012. - Augsburg.
- DÖRFLER, H.-P. & G. ROSELT (1987): Heilpflanzen, gestern heute und morgen. – 2. Aufl. – Leipzig, Jena, Berlin.
- FOERSTER, E. & G. ROSTIN (Hrsg., 1982): Ein Garten der Erinnerung. Sieben Kapitel von und über Karl Foerster.- Berlin.
- FOERSTER, K. (2011): Lebende Gartentabellen. Werkausgabe. - 3. Aufl., Stuttgart.
- FOERSTER, M. (2012): Der Garten meines Vaters. – 5. Aufl., Stuttgart.
- HAEUPLER, H. & T. MUER (2007): Bildatlas der Farn- und Blütenpflanzen Deutschlands. - 2. Aufl.-Stuttgart.
- JÄGER, E. J. et al. (Hrsg., 2011): Rothmaler Exkursionsflora von Deutschland, Gefäßpflanzen Grundband.- 20. Aufl. - Heidelberg.
- JÄGER, E. J. et al. (Hrsg., 2008): Exkursionsflora von Deutschland, Bd. 5, Krautige Zier- und Nutzpflanzen. - Berlin, Heidelberg.
- KREß, C. (2017): Meine Welt der Stauden. - Stuttgart.
- REIF, J. & W. HÄRTEL (2016): Foerster-Stauden Kompendium. - 8. Aufl., Potsdam.
- SCHWARZER, E. (2016): Heimische Pflanzen für den Garten. – Stuttgart.

Die auf den Herbarblättern eingefügten Pflanzenzeichnungen sind sämtlich gemeinfrei und stammen aus folgenden Quellen:

Anonymus (1739): (Titel unbekannt).
Anonymus (1865): Flora Danica.
Anonymus (1895): (Titel unbekannt).
FITCH, W. H. (1924): British Flora.
HEGI & DUNZINGER (1905): Alpenflora.
KÖHLER, F. E. (1897): Köhler´s Medizinal-Pflanzen.
KOPS, J. (1814): Flora Batava.
LINDMAN, C. M. A. (1901 bis 1905): Bilder ur Nordens Flora. - Stockholm.
STURM, J. (1900 bis 1907): Flora von Deutschland in Abbildungen nach der Natur. - 2. Aufl., bearbeitet von E. H. L. Krause. - Stuttgart.
THOMÉ, O. W. (1885): Flora von Deutschland, Österreich und der Schweiz. - Gera.
TIMROTH, J. H. (1756): Herbarium vivum. - Arnstadt.

Notizen und Fragen des Lesers